Cent rébus littéraires

Honoré

Cent rébus littéraires

avec leur question-devinette et leur solution

arléa
16, rue de l'Odéon, 75006 Paris

Ces rébus, publiés pour la première fois dans le mensuel *Lire* entre 1983 et 2001, continuent de paraître dans ce magazine.

ISBN 2-86959-557-3

Présentation

D'après Émile Littré, un rébus est un « jeu d'esprit qui consiste à exprimer, au moyen d'objets figurés, ou d'arrangements, les sons d'un mot ou d'une phrase entière, qui reste à deviner ». Et le lexicographe d'en donner l'exemple suivant :

pir *vent* *venir*
un *vient* *d'un*

Solution : *un* sous *pir*, *vient* sous *vent*, *d'un* sous *venir*.

Le mot lui-même, d'après Ménage, viendrait de l'appellation de certaines pièces satiriques, que les clercs de Picardie composaient, à l'époque du carnaval, et qui, roulant sur les affaires du temps, étaient dites *de rebus quae geruntur* (sur les choses qui adviennent, c'est-à-dire : sur les événements).

Mais il est une autre façon de concevoir un rébus, c'est d'assembler et d'agencer non plus des mots ou des lettres, mais des dessins, qui figurent des sons et, par là, le nom qu'on veut faire deviner. Depuis plus de quinze ans, c'est cette formule qu'Honoré a choisie pour composer avec bonheur, dans le magazine *Lire*, un rébus par mois. *Cent rébus littéraires* propose les meilleurs d'entre eux.

L'esthétique des dessins est délicate, la subtilité du découpage d'un bel effet, rigoureux et souvent drôle. Les difficultés de décryptage sont savamment dosées, et un lecteur « normalement cultivé », avec un peu de perspicacité et de persévérance, doit venir à bout de chaque énigme.

Ces images curieuses nous convient à un survol de la littérature universelle, nous offrant à deviner les noms des plus grands écrivains de tous les lieux et de tous les temps, aussi bien que des titres d'œuvres ou des personnages de romans qui appartiennent tous au patrimoine mondial de l'humanité.

Tous les rébus sont accompagnés de leur question-devinette, et la solution se trouve au verso de chaque dessin.

arléa

La septième femme mit fin à la carrière de ce tueur en série.

Barbe-Bleue
(bar-bœufs bleus)

Une histoire d'amour en couleur.

Le Rouge et le Noir
(le rouge et le noir)

Le deuxième grand livre d'aventures.

L'Odyssée
(l'eau dit C)

Son nom nous permet encore de qualifier une situation dramatique.

Pierre Corneille
(Pierre-corps-nez-yeux)

En 1918, le continent perdu fut retrouvé par cet auteur.

Pierre Benoit
(pie-herbe-noix)

Il connaissait la formule.

Ali Baba
(halles-lit-baba)

Titre d'un long voyage sans soleil.

Vingt Mille Lieues sous les mers
(vin-mie-lieu sous lait-mer)

Son livre fit scandale : le démon s'était emparé du héros.

Raymond Radiguet
(raie-mont-radis gai)

Un de ses personnages eut des problèmes avec les transports urbains.

Raymond Queneau
(raie-mont-queue-nœud-eau)

C'est pourtant un des premiers grands romans d'amour.

Paul et Virginie
(pot-laid vire J-nid)

Il nous légua d'impérissables types humains.

Molière
(mol I-R)

Victor Hugo célébra ces hommes rudes.

Les Travailleurs de la mer
(l'étrave-ail-heure-deux lames-hère)

Qui est ce poète qui s'avança masqué ?

Louis Aragon
(loup-hie-ara-gond)

Une grande histoire de fraternité républicaine.

L'Espoir
(laisse-poire)

L'auteur de ce livre perdit un bras à la bataille de Lépante.

Don Quichotte
(don-quiche-hotte)

Un de ses livres fait le portrait d'un prêtre ; quoi de plus normal, il était catholique.

Jean Guitton
(gens-gui-thon)

Le symbole d'une enfance sans amour.

Poil de carotte
(poêle-deux quarts-hotte)

Qu'y a-t-il d'autre que l'existence ?

L'Être et le Néant
(lettre-aile-nez-an)

La folie n'était pas étrangère à cet auteur.

Michel Foucault
(mie-Shell-fou-Caux)

Son théâtre est d'une galanterie délicate et recherchée.

Marivaux
(mâts-rive-eau)

Un livre tout droit sorti de l'enfer.

Sodome et Gomorrhe
(saut-dôme-haie-gomme-or)

C'est le chef-d'œuvre d'un enfant terrible de la littérature américaine.

De sang froid
(deux cents froids)

C'est par calcul qu'il devint écrivain et philosophe.

Blaise Pascal
(blés-œufs-passe-cale)

Fait unique : il démissionna de l'Académie française en 1975.

Pierre Emmanuel
(pierres M-âne nu-aile)

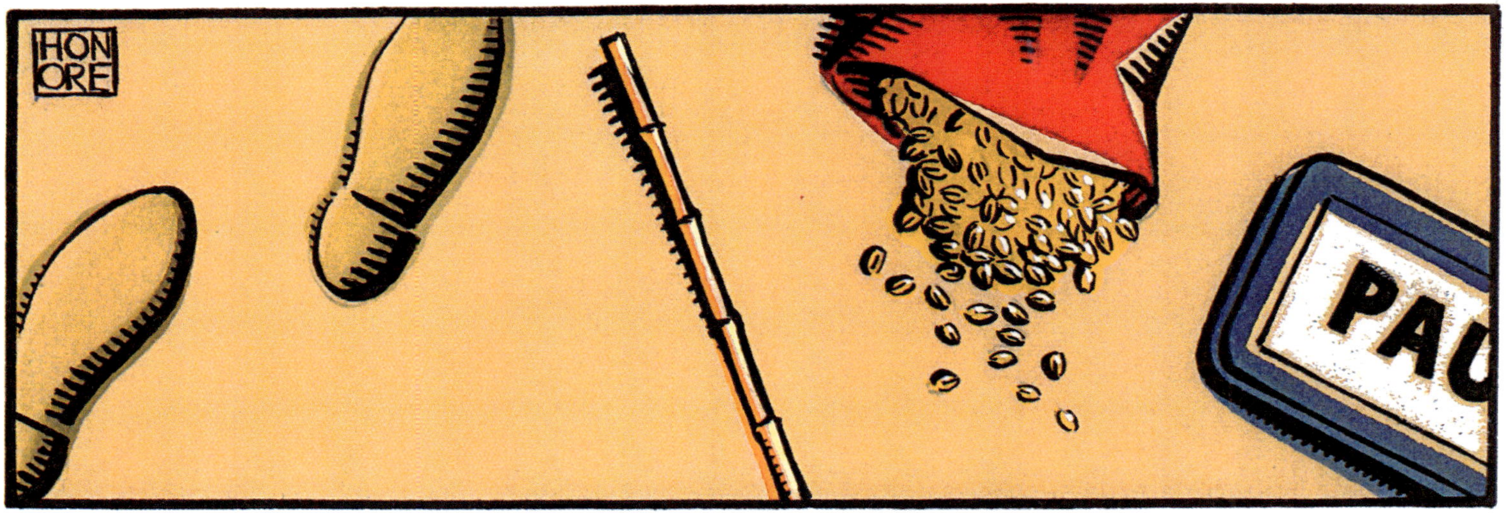

Un écrivain flamboyant.

Patrick Grainville
(pas-trique-grain-ville)

Pour les femmes il n'eut pas la moindre pitié.

Henri de Montherlant
(an rit-deux monte R lent)

Poète qui aimait les ballades ; elles furent mises en musique.

Paul Fort
(pôle fort)

Héroïne d'une comédie trop humaine.

Eugénie Grandet
(œufs-geai-nid-grand dé)

Grande coquette du répertoire.

Célimène
(sel-lime-aine)

Chez lui ce sont les passions qui brûlent les planches.

Racine
(rat scie nœud)

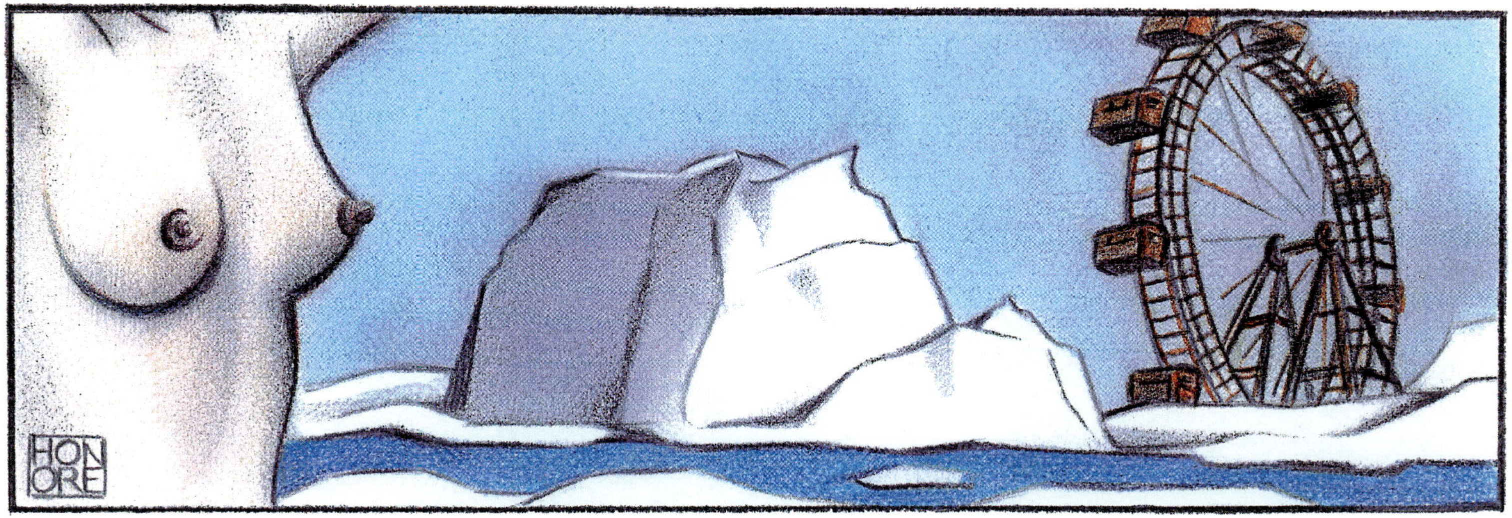

En l'honneur de ce poète, les surréalistes organisèrent un banquet à La Closerie des lilas.

Saint Pol Roux
(seins-pôle-roue)

Le nom de cette jeune héroïne est devenu un archétype.

Lolita
(lot-lit-tas)

Le voyage merveilleux d'une jeune fille.

Alice au pays des merveilles
(A lys-O-P-I-D mer-V yeux)

Initialement, ce philosophe télégénique s'opposa au totalitarisme.

B.H.L.
(baie-hache-aile)

Greffier du fabuliste.

Raminagrobis
(rat-mine-A-gros bis)

Son amant est célèbre dans le monde entier.

Lady Chatterley
(lad-dix chattes-heure-laid)

Poète né en 1913, proche des surréalistes dans sa jeunesse.

Aimé Césaire
(M-É-seize R)

Son roman porte la solitude au niveau du mythe.

Daniel Defoe
(da[demi-dada]-nid-aile-deux faux)

Émile Zola broda ce roman en 1888.

Le Rêve
(l'heure-Ève)

Hollywood rendit célèbre le héros de cette épouse de poète.

Mary Shelley
(mât rit-Shell-haie)

Grand polémiste catholique.

Léon Bloy
(laid-omble-oie)

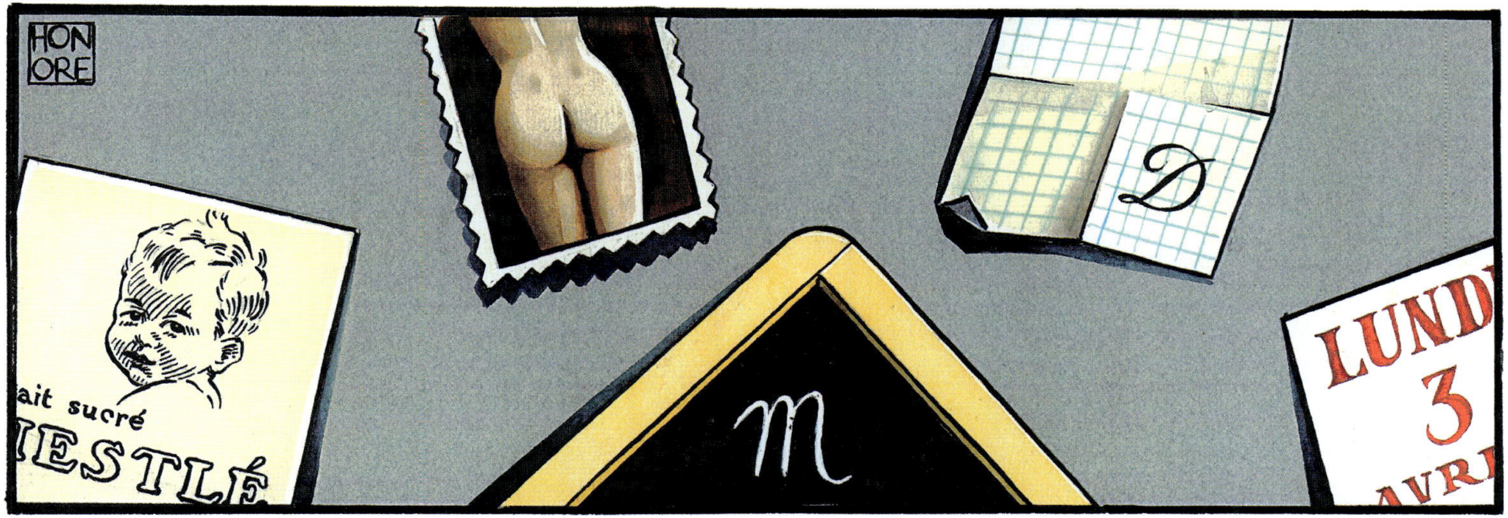

« Le plus poignant des romans d'amour contemporains » selon Queneau.

L'Écume des jours
(lait-cul-me-dé-jour)

Ses personnages nous mènent en bateau.

Jerome K. Jerome
(geai-rhum-cage-geai-rhum)

Écrivain maudit, pour une grande part.

Georges Bataille
(jeux-orge-bas-taille)

Cet auteur se cache derrière un miroir.

Lewis Caroll
(laid visse Carole)

L'existentialisme à la première personne.

L'Étranger
(lettre-ange-haie)

Découvrez l'une des plus anciennes histoires du monde.

Mahâbhârata
(mât-a bas-rate A)

Personnage de haut vol.

Arsène Lupin
(hart-cène-Lu-pain)

Un écrivain qui fut fort peu spectaculaire.

Guy Debord
(guide-bord)

Il fait froid au large des côtes nordiques dans ce roman de 1886.

Pêcheurs d'Islande
(pêche-heure-dix-landes)

Le plus grand personnage de la littérature française.

Gargantua
(gare-gant tue A)

D'un mouvement littéraire on le fit pape, lui aussi.

Alain Robbe-Grillet
(halles-Huns-robe grillée)

Le capitaine le plus célèbre de la littérature.

Achab
(A-cab)

Les concierges doivent leur surnom à un personnage de ce roman du XIXe *siècle.*

Les Mystères de Paris
(les miss-terre-deux pas-riz)

Son père était déjà le plus grand personnage de la littérature française.

Pantagruel
(paon-tas-grue-aile)

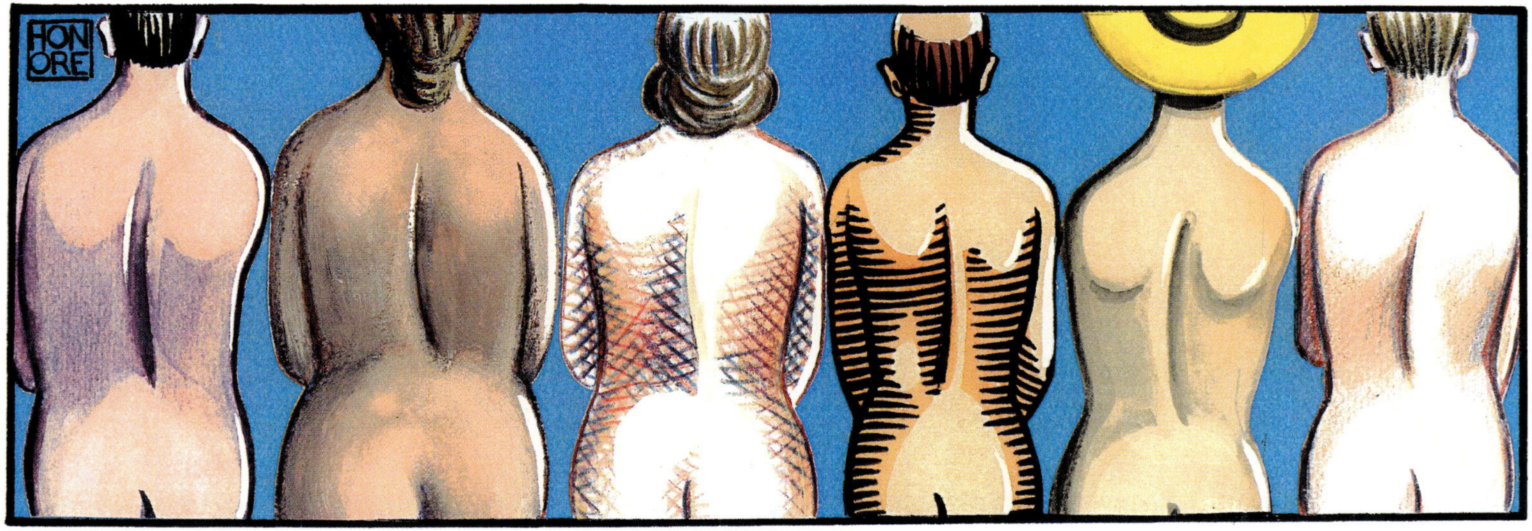

Pour sa fille, c'est un titre de livre.

Sido
(six dos)

Héros ivrogne et querelleur qui aime les farces.

Polichinelle
(pot-lit-chine-aile)

Son écriture fut magnétique.

Philippe Soupault
(fil-Lipp-sous-pot)

Ce dandy nous livre de bien étranges impressions.

Raymond Roussel
(raie-mont-rousse aile)

Le trio infernal qui enflamme les jeunes esprits.

Les Trois Mousquetaires
(lettre-oie-mousse-queue-terre)

Sa môme le rendit célèbre.

Peter Cheney
(pie-terre-chaîne-nez)

Dans ce roman, l'auteur, caché derrière son personnage, découvre la liberté aux portes du désert.

L'Immoraliste
(lit-mort-rat-liste)

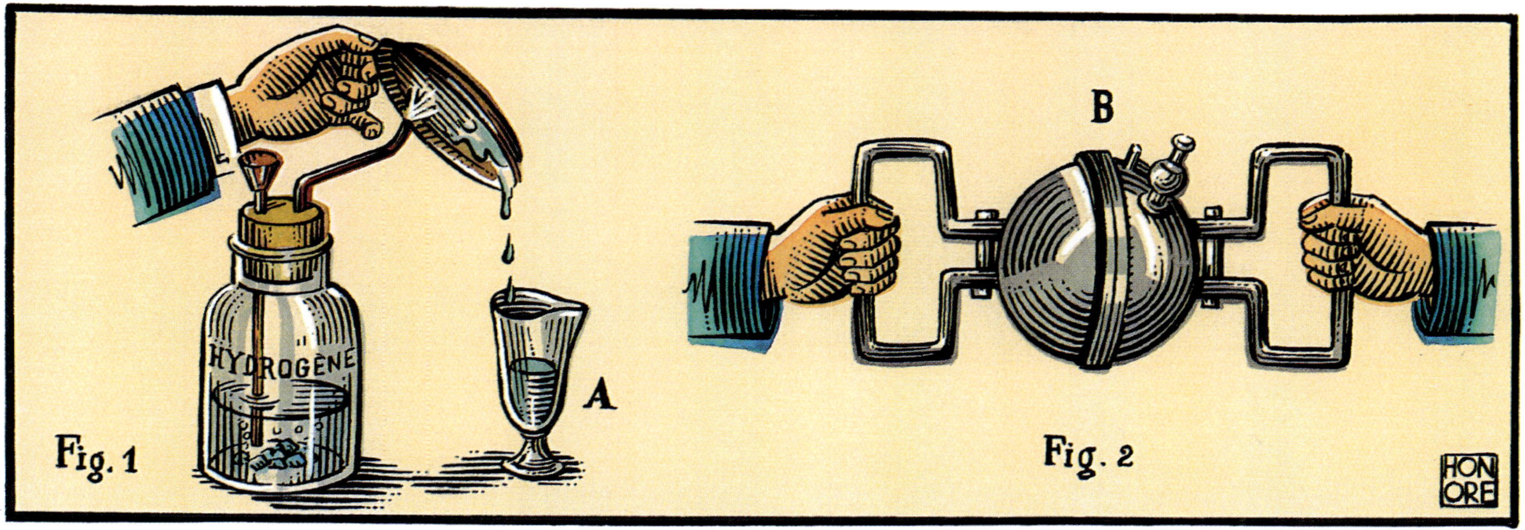

Vous y perdez votre latin... pourtant ce fut un grand poète.

Ovide
(eau-vide)

Premier roman d'un écrivain américain à Paris.

Tropique du Cancer
(trot-pie-queue-duc-camp-cerf)

Un Italien qui ne resta pas de bois.

Pinocchio
(pineau-quilles-eau)

Son inspiration : manipulations, coups fourrés et doubles jeux.

John Le Carré
(jaune le carré)

Cet ouvrage reçut le prix Goncourt en 1925.

Raboliot
(Râ-bol-Io)

Un roman historique qui devint un film à grand spectacle.

Ben-Hur
(benne-hure)

Un récit qui dure longtemps, longtemps…

Les Mille et Une Nuits
(laid-mil-haie-hune-nu-I)

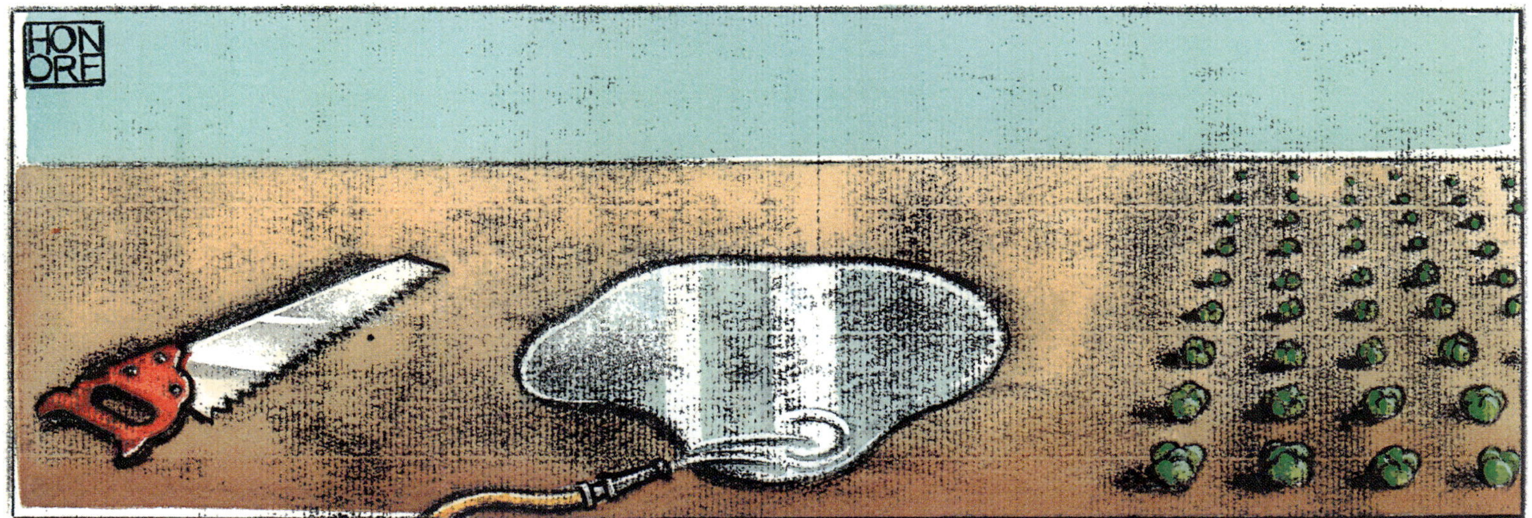

L'auteur des aphorismes les plus noirs.

Cioran
(scie-eau-rangs)

Jeune star littéraire des années 50.

Françoise Sagan
(France-oie-Zeus a gant)

Romancière qu'une terrasse rendit célèbre.

Suzanne Prou
(Suze-âne-proue)

Les membres de ce groupe firent de la broderie avec les mots.

OULIPO
(houle-lit-pot)

Le nom de ce jeune héros est devenu un archétype.

Gavroche
(gave-roche)

Poète naturaliste belge mort en 1916.

Émile Verhaeren
(É-mille-V-Râ-reine)

Le roman d'un sacré menteur.

Thomas l'imposteur
(Tom-malle-1-poste-heure)

Auteur mythique qui croisa la route de toute une génération.

Jack Kerouac
(jaquet-roue-A-queue)

Le roman d'un jeune homme ambitieux et cynique.

Bel-Ami
(bey-lame-mie)

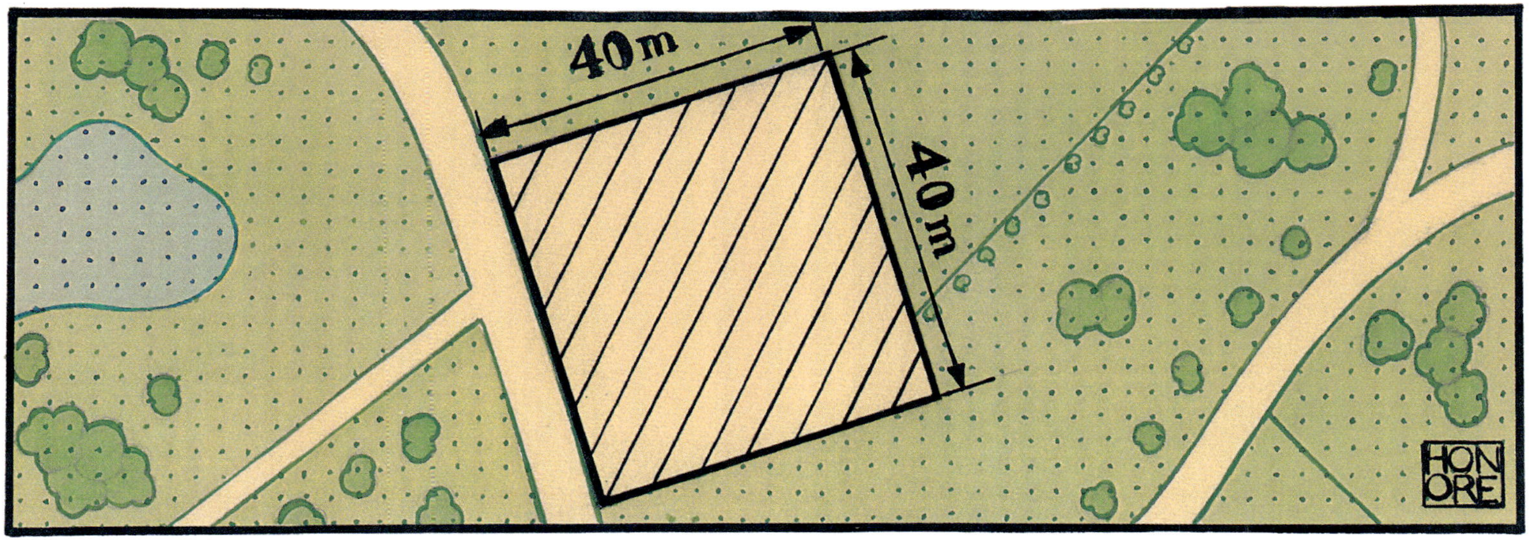

Personnage méridional pittoresque, peu familier des fractions.

César
(seize ares)

Un de ses livres nous parle de la parution d'un nouveau roman.

Nathalie Sarraute
(natte-Alice-are-hotte)

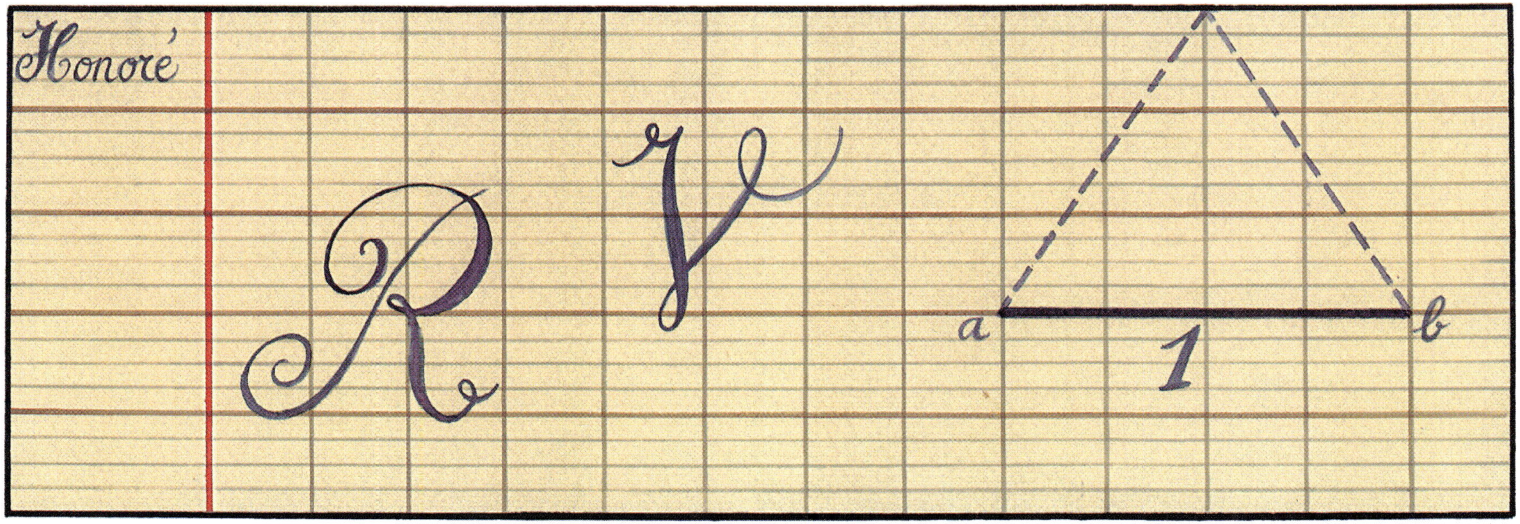

On lui doit une inoubliable figure de marâtre.

Hervé Bazin
(R-V-base 1)

Personnage aux aventures extravagantes.

Rocambole
(roc-an-bol)

C'est elle qui eut le cœur fendu.

Fanny
(fanes-nid)

Cette romancière croyait au pouvoir des mots.

Marie Cardinal
(mât-Ricard-dîne-al)

Héros des débuts du polar à la française.

Rouletabille
(roule-tas-bille)

Une héroïne qui ignorait même les bulles.

Bécassine
(bec-as-scie-nœud)

Journaliste et écrivain qui connut l'Empire céleste.

Lucien Bodard
(Lu scie un beau dard)

Il y a belle lurette que cet écrivain a vendu la peau de l'ours.

Henri Calet
(An rit-K laid)

Au menu de ce poète français : escargot, huître et pomme de terre.

Francis Ponge
(franc-six-pont-jeu)

Personnage excentrique, vainqueur d'un pari aventureux.

Phileas Fogg
(fils-haie-as-fog)

Ainsi Sartre atteignit le bout des chemins.

La Mort dans l’âme
(lame-or-dents-lame)

Un commissaire qui n'a pas la langue dans sa poche.

San Antonio
(sang-an-tonne-nid-eau)

Mère résolue au pire pour sauver son fils.

Andromaque
(an-Drôme-mât-queue)

Dans ce roman à clefs, l'auteur croise Breton et Drieu-La-Rochelle.

Aurélien
(eau-raie-lien)

Auteur allemand qui fit un long voyage vers le soleil levant.

Herman Hesse
(R mât-nœud S)

Cet écrivain contemporain est un électron libre.

Michel Houellebecq
(miche-ailes-houe-aile-bec)

Qualifie les guerres d'un conquérant mégalomane et ridicule.

Picrocholines
(pic-croc-collines)

Roman posthume d'un écrivain dans les nuages.

Citadelle
(six tas d'ailes)

Le père américain de la nouvelle, du roman policier, de la science-fiction… Extraordinaire non ?

Edgar Poe
(haie-deux-gare-pot)

Écrivain français du XIXe siècle qui aimait la comédie.

Honoré de Balzac
(Honoré-deux balles-ZAC)

ACHEVÉ D'IMPRIMER
EN DÉCEMBRE 2001
SUR LES PRESSES DE
CORLET IMPRIMEUR
À CONDÉ-SUR-NOIREAU
C A L V A D O S

Numéro d'édition : 558
Numéro d'impression : 56310
Dépôt légal : décembre 2001
Imprimé en France